Das philosophische und theologische Verständnis der Glückseligkeit. Glückseligkeit nach Immanuel Kant und Mutammad al-Gazzalı im Vergleich

Hatice Kübra Yildirim

Bibliografische Information der Deutschen Nationalbibliothek:

Die Deutsche Nationalbibliothek verzeichnet diese Publikation in der Deutschen Nationalbibliografie; detaillierte bibliografische Daten sind im Internet über http://dnb.d-nb.de abrufbar.

ISBN: 9783346606891
Dieses Buch ist auch als E-Book erhältlich.

Druck und Bindung: Books on Demand GmbH, Norderstedt Germany
Gedruckt auf säurefreiem Papier aus verantwortungsvollen Quellen

Das vorliegende Werk wurde sorgfältig erarbeitet. Dennoch übernehmen Autoren und Verlag für die Richtigkeit von Angaben, Hinweisen, Links und Ratschlägen sowie eventuelle Druckfehler keine Haftung.

Das Buch bei GRIN: https://www.grin.com/document/1183243

Goethe-Universität Frankfurt am Main

Fachbereich Sprach- und Kulturwissenschaften (09)

am Institut für Studien der Kultur und Religion des Islam

Seminar:	Einführung in die Falsafa: Ibn Rushds Maßgebliche Abhandlung
Semester:	WS 2018/19

<u>Hausarbeit</u>

Das philosophische und theologische Verständnis der Glückseligkeit

Glückseligkeit nach Immanuel Kant und Muḥammad al-Ġazzālī im Vergleich

vorgelegt von:

Hatice Kübra Yıldırım

Studiengang: Islamische Studien BA, 7. FS

Einreichdatum: 30.04.2021

Inhaltsverzeichnis

Abkürzungsverzeichnis

GMS	Grundlegung zur Metaphysik der Sitten
KPV	Kritik der praktischen Vernunft
KRV	Kritik der reinen Vernunft

1   Einleitung

Die Frage nach der Glückseligkeit ist von großem Interesse, da jeder Mensch nach einem guten Leben strebt, in dem er die Glückseligkeit erreichen kann.[1] Also steht das gute Leben mit der Glückseligkeit in einer engen Verbindung. Laut dem Philosophen Walter Patt ist die Glückseligkeit sogar das endgültige Ziel des Menschen, die seit der antiken Ethik zu einem der wichtigsten Themen wurde, das immer wieder von Philosophen behandelt wird.[2]

Es ist uns aus den Literaturen bekannt, dass bedeutende Philosophen seit der Antike und später muslimische Philosophen und Theologen sich mit den Themen Ethik, Moral und Glückseligkeit befassen, insbesondere nach dem 9. Jahrhundert, als die griechische Philosophie begann, die islamische Wissenschaft zu beeinflussen.[3] Somit liegt eine äußerst umfangreiche Literatur zum Thema Glückseligkeit zugrunde. Zu den bedeutendsten Philosophen, die sich in ihren Werken mit diesen Themen beschäftigt haben, zählen unter anderem folgende klassische antike sowie moderne Philosophen, wie Aristoteles, Platon, Epikur, Stoa, Immanuel Kant, John Stuart Mill und Friedrich Nietzsche. Diesbezüglich sind bei den muslimischen Philosophen wie Yaʿqūb b. Isḥāq al- Kindī, Abū Bakr ar-Rāzī, Naṣīr ad-Dīn aṭ-Ṭūsī, al-Fārābī, al-Ġazzālī und Ibn Rušd zu erwähnen, die ebenfalls als angesehene Theologen gelten.[4] Bei der vorliegenden Arbeit bilden bei Kants Glückseligkeitsverständnis seine Werke GMS, KPV und KRV die Grundlage. Bei al-Ġazzālī hingegen basiert in der vorliegenden Arbeit sein Glückseligkeitsverständnis auf seinem Werk *Das Elixier der Glückseligkeit*.

Bei der Untersuchung der verschiedenen Theorien der Philosophen und Theologen zum Thema Glückseligkeit ist auffallend, dass es zwischen beiden zu Differenzen kommt. Obwohl beide Partien auf dasselbe hinauswollen, haben sie dennoch unterschiedliche Ansichten, wie man zur Glückseligkeit gelangt.

---

[1] Vgl. Pleger: Das gute Leben (2020), S. 1.
[2] Vgl. Patt: Kants Kritik der praktischen Vernunft (2004), S. 11.
[3] Vgl. Endress: Der arabische Aristoteles (1990), S. 3.
[4] Vgl. Çağrıcı: Saadet (2008), Bd. 35, S. 320.

Selbst unter den Philosophen gibt es voneinander variierende Denkweisen, die dazu führen, dass sie sich gegenseitig auch mal ohne Weiteres kritisieren.[5]

Doch was genau wird unter Glückseligkeit verstanden, nach der sich der Mensch sehnt und die zu solch vielen unterschiedlichen Meinungen führt? Wann und wie gelangt man zu ihr? Das sind Fragen, die sehr interessant sind und zunächst offenbleiben. Um diesen Fragen nachzugehen, würde ich gerne die Argumentationswege von einem Philosophen der Moderne und einem muslimischen Theologen des Mittelalters untersuchen und miteinander vergleichen. Der Philosoph, den ich in meiner Hausarbeit behandle, ist Immanuel Kant (gest. 1804)[6] und der Theologe ist Abū Ḥāmid Muḥammad al-Ġazzālī (gest. 1111)[7]. Der Grund für den Vergleich der gegensätzlichen Positionen ist, die Gemeinsamkeiten und Verschiedenheiten von beiden einflussreichen Persönlichkeiten zu erkennen und ihre Denkanstöße für ihre Theorien zu dem bereits erwähnten Thema zu verstehen.

In der vorliegenden Hausarbeit wird der Frage nachgegangen, inwiefern sich die Verständnisse über die Glückseligkeit von dem Theologen Abū Ḥāmid Muḥammad al-Ġazzālī und dem Philosophen Immanuel Kant voneinander unterscheiden. Zu Beginn der Arbeit wird der Begriff „Glückseligkeit" einmal aus der Perspektive von Philosophen und einmal aus der Sichtweise von Theologen definiert, um einen allgemeinen Vergleich zwischen beiden machen zu können. Anschließend wird in einem neuen Kapitel das Glückseligkeitsverständnis von al-Ġazzālī vorgestellt. Darauf folgt im nächsten Kapitel eine Darstellung von Kants „kategorischem Imperativ", um nachfolgend sein Glückseligkeitsverständnis zu behandeln. Es hat einen Grund, weshalb bei Kant zunächst sein „Kategorischer Imperativ" vorgestellt werden muss, der sich im Laufe der Arbeit erklären wird. Letztendlich wird zum Schluss ein Vergleich von al-Ġazzālī und Kants Verständnis von Glückseligkeit erfolgen, worin beleuchtet wird, inwiefern ihre Ansichten Gemeinsamkeiten oder Unterschiede haben.

---

[5] Vgl. Himmelmann: Kants Begriff des Glücks (2003), S. 130 f.
[6] Vgl. Pleger: Das gute Leben (2020), S. 126.
[7] Vgl. al-Ghasāli: Das Elixier der Glückseligkeit (2017), S. 9.

2   Definition der Glückseligkeit

2.1   Das philosophische Verständnis von Glückseligkeit

In diesem Kapitel wird das philosophische Verständnis von Glückseligkeit definiert. Zunächst ist bemerkenswert, dass der Ausdruck „Glück" nicht aus der Philosophie entstanden ist, sondern seinen Ursprung in der Alltagssprache hat.[8] Im deutschen Sprachgebrauch werden zwei unterschiedliche Bedeutungen mit dem Begriff assoziiert. Diese Unterscheidung wird deutlich gemacht, indem man von „glücklich sein" oder „Glück haben" spricht.[9] Während „glücklich sein" einen seligen Wert hat, bedeutet „Glück haben" so gut wie zufälliges Glück.[10] Dieser Arbeit wird durchaus die erstere Bedeutung zugrunde liegen. Um zu dem Ursprung des Wortes in der Philosophie zurückzukommen, bedeutet der Ausdruck „Glück" im Griechischen „*eudaimonia*", welcher den Zustand eines glücklichen Menschen beschreibt, bei dem man glaubt, dass sich ein „guter Geist" befindet.[11] Nach Wolfgang Pleger hat das Wort „*eudaimonia*" mehrere Bedeutungen, welche er in seinem Werk wie folgt erwähnt: „*Glück*", „*Glückseligkeit*", „*glücklicher Zustand*", „*Segen*", „*Wohlergehen*", „*Wohlstand*" und sogar „*Macht*".[12] Nach dem antiken Philosophen Aristoteles ist das höchste Gut des Menschen seine Glückseligkeit, welcher mit „Gut-Leben" und „Sich-gut-Verhalten" erreicht wird.[13] Er verbindet also das glückselige Leben mit tugendhaften Handlungen.[14]

In diesem Kapitel wurde das philosophische Verständnis von Glückseligkeit definiert und nun folgt eine theologische Definition des Begriffs im nächsten Kapitel.

---

[8] Vgl. Buridan: Über Freiheit und Glück (2020), S. 56.
[9] Vgl. ebd., S. 56 f.
[10] Vgl. Buridan: Über Freiheit und Glück (2020), S. 57.
[11] Vgl. Pleger: Das gute Leben (2020), S.11.
[12] Vgl. ebd.
[13] Vgl. Pauer-Studer: Einführung in die Ethik (2003), S.62.
[14] Vgl. ebd., S.64.

3   Das theologische Verständnis von Glückseligkeit

Mit dem theologischen Verständnis von Glückseligkeit meine ich sowohl die islamische Theologie als auch die islamische Philosophie, da die muslimischen Gelehrten seit dem Mittelalter diese beiden Gebiete nicht voneinander getrennt, sondern vielmehr bewusst oder unbewusst zusammengedacht haben. Darüber hinaus wurde die Glückseligkeit durch den Einfluss der antiken Philosophie zu einem der Hauptthemen in der islamischen Philosophie.[15] Glückseligkeit bedeutet im Arabischen „*saʿāda*"[16] und beschreibt in der islamischen Philosophie, genauso wie in der griechischen Philosophie, das höchste Ziel des menschlichen Strebens.[17] Nach der islamischen Philosophie kann dieses höchste Ziel durch die ethische Vervollkommnung und zunehmendes Wissen erreicht werden.[18] Es gibt auch eine weitere Definition des Begriffs *saʿāda*, aus der nichtphilosophischen Literatur des Islam, welcher glückliche Lebensumstände, ein unerwartetes Glück eines langen Lebens, die Bewahrung vor Versuchungen oder den ewigen Aufenthalt im Paradies beschreibt.[19]

Auch im Koran kommt der Ausdruck *saʿāda* vor, jedoch im Zusammenhang mit dem gegensätzlichen Begriff „*šaqāwa*"[20], welcher generell als Unglück oder Elend übersetzt wird.[21] Im westlichen Sprachraum ist dieser Ausdruck als „Tragödie" bekannt.[22] Es handelt sich bei *šaqāwa* um die Textstelle in der Sure *Hūd/* 11:105-108, in der über die Menschen im Jenseits berichtet wird, von denen einige unglücklich (*šaqī*)[23] und andere glückselig (*saʿīd*)[24] sein werden.[25] Laut der bereits erwähnten Textstelle in der oben genannten Sure, gelten diejenigen im Jenseits als unglücklich, die im Höllenfeuer landen und für eine ewige Zeit dort weilen werden.

---

[15] Vgl. Çağrıcı: Saadet (2008), Bd. 35, S. 320.
[16] Wehr: Arabisches Wörterbuch (1998), S. 571.
[17] Vgl. Daiber: Saʿāda (2012), s.p.
[18] Vgl. ebd.
[19] Vgl. ebd.
[20] Wehr: Arabisches Wörterbuch (1998), S. 668.
[21] Vgl. Çağrıcı: Saadet (2008), Bd. 35, S. 319.; Vgl. Daiber: Shaḳāwa (2012), s.p.
[22] Vgl. al-Attas: Die Bedeutung und das Erleben von Glückseligkeit im Islam (1998), S. XIII.
[23] Wehr: Arabisches Wörterbuch (1998), S. 668.
[24] Wehr: ebd., S. 571.
[25] Vgl. Çağrıcı: Saadet (2008), Bd. 35, S. 319.

Im Vergleich zu den Unglücklichen werden hier die Glückseligen als diejenigen beschrieben, die ewig im Paradies bleiben werden.[26] Darüber hinaus gibt es mehrere andere Verse im Koran, die die jenseitige Glückseligkeit für diejenigen als verdient zählen, die gute Taten begehen, fromm und gnädig sind oder ähnliche positive Eigenschaften besitzen.[27]

Abgesehen von der jenseitigen Glückseligkeit im Koran gibt es auch *Ḥadīṯe*[28], die den Term Glückseligkeit sowohl für das Diesseits als auch für das Jenseits beschreiben.[29] Als Beispiele in den *Ḥadīṯen* für die diesseitige Glückseligkeit werden unter anderem Gründe wie tugendhafte Partner in der Ehe, ein gemütlicher Wohnsitz, ein gutes Fahrzeug[30] und ein guter Nachbar benannt.[31] Ferner werden weitere Gründe für die diesseitige Glückseligkeit erwähnt, wie Einverständnis seines Schicksals, langes Leben, sich von Machenschaften fernzuhalten, aus Fehlern anderer für sich Lehren zu entnehmen.[32]

Laut al-Fārābī besitzt das menschliche Ego drei Hauptkräfte und zwar Vernunft, Begierde und Wut. Demnach wird die Glückseligkeit erreicht, indem man jede dieser Kräfte mit ihren einzigartigen Tugenden ausstattet.[33] Zudem sei die Tugend der Vernunft gesundes Denken, daher sei die Glückseligkeit des Menschen durch ein Leben des tiefen Denkens erreicht.[34] Des Weiteren bedürfe es neben der tugendhaften Vernunft auch Praktiken, die zur Glückseligkeit führen, welche lediglich gute Taten sind.[35] Al-Fārābī ist der Meinung, genauso wie andere muslimische Denker, dass die höchste Glückseligkeit erst im Jenseits erreicht wird. Daher würde ein tugendhafter Mensch sich das diesseitige Leben wünschen, da er es als eine Gelegenheit sehen würde, um die jenseitige Glückseligkeit zu erreichen.[36]

---

[26] Vgl. Çağrıcı: Saadet (2008), Bd. 35, S. 319.
[27] Vgl. ebd., S. 320.
[28] Mündliche Überlieferungen über die Handlungsweisen und Aussagen des Propheten. Vgl. al-Nawawī: Das Buch der Vierzig Hadithe (2007), S. 265.
[29] Vgl. Çağrıcı: Saadet (2008), Bd. 35, S. 320.
[30] Im erweiterten Sinne, da der eigentliche Begriff den Çağrıcı benutzt ist *„değerli binek"*, zu dem es keine genaue Übersetzung im Deutschen gibt.
[31] Vgl. Çağrıcı: Saadet (2008), Bd. 35, S. 320.
[32] Vgl. ebd.
[33] Vgl. ebd.
[34] Vgl. ebd.
[35] Vgl. ebd.
[36] Vgl. ebd.

Es besteht ein Konsens unter den muslimischen Theologen und Denkern, dass die eigentliche Glückseligkeit keineswegs der körperliche Genuss/Vergnügen, sondern der Genuss von Vernunft und Spiritualität ist. Dieser Genuss würde durch die Vervollkommnung des Geistes erreicht werden, zu welcher man durch Wissen und Tugend gelange. Derjenige, der diese geistige Vervollkommnung erreicht hat, könne auch die diesseitige Glückseligkeit genießen, auch wenn die wahre und höchste Glückseligkeit im Jenseits sich verwirklichen wird.[37]

In diesem Kapitel wurde die Glückseligkeit im Kontext der islamischen Theologie und Philosophie definiert. Im folgenden Kapitel wird das Glückseligkeitsverständnis von einem Philosophen der Moderne und einem Theologen des Mittelalters untersucht und beschrieben.

4 Glückseligkeit nach einem Philosophen und einem Theologen

4.1 Glückseligkeit nach Abū Ḥāmid Muḥammad al-Ġazzālī

In diesem Kapitel wird das Verständnis der Glückseligkeit von Abū Ḥāmid Muḥammad al-Ġazzālī dargestellt, um es letztendlich mit dem von Immanuel Kant zu vergleichen. Wie bereits erwähnt ist al-Ġazzālī (gest. 505/1111)[38] sowohl ein Theologe als auch ein Philosoph. Zudem ist auch erwähnenswert, dass er ein bekannter Mystiker ist,[39] der zwischen dem 11. und 12. Jahrhundert lebte.[40]

Al-Ġazzālī schildert sein Glückseligkeitsverständnis in seinem Werk kīmiyā' as-saʿāda (Das Elixier der Glückseligkeit) aus einer theologischen Perspektive, welche früh und deutlich zu erkennen ist. Die Glückseligkeit nach al-Ġazzālī ist nämlich hauptsächlich die Gotteserkenntnis, zu der man lediglich durch die Selbsterkenntnis gelangt.[41]

---

[37] Vgl. Çağrıcı: Saadet (2008), Bd. 35, S. 321.
[38] Vgl. al-Ghasāli: Das Elixier der Glückseligkeit (2017), S. 9.
[39] Vgl. al-Daghistani: Muḥammad al-Ġazālī, Bd. 1, S. 92.
[40] Vgl. al-Ghasāli: Das Elixier der Glückseligkeit (2017), S. 9.
[41] Vgl. ebd., S. 31 f.

Daher erläutert er zunächst die Selbsterkenntnis, mit der er gewiss nicht die äuße-
ren Eigenschaften des Menschen meint. Auch die Hauptbedürfnisse oder Handlungsweisen des Menschen bei Bedarf oder bei bestimmten Situationen, zählt er
nicht zur Selbsterkenntnis, denn all diese seien keine Merkmale, die den Menschen vom Tier unterscheiden.[42] Laut al-Ġazzālī umfasst die Selbsterkenntnis die
Eigenschaften des Menschen, die im Inneren verankert sind. Er zählt vier Wesen
auf, die die Haupteigenschaften darstellen sollen, die jeder Mensch teilweise be-
sitze: die des Viehs, der Raubtiere, der Teufel und der Engel.[43] So sei die Aufgabe
des Menschen zu erkennen, welche dieser Wesen sich in ihm hauptsächlich befin-
den, um letztendlich sein Glück zu finden.[44] Seiner Auffassung zufolge hat jedes
einzelne dieser Wesen unterschiedliche Glücksverständnisse, die er wie folgt erklärt:

> „Die Nahrung und das Glück des Viehs ist Essen und Schlafen und Begatten.
> Gehörst du also zum Vieh, so befleißige dich der Werke des Bauches und der
> Zeugungsglieder Tag und Nacht. Die Nahrung und das Glück der Raubtiere
> ist: Schlagen und Töten und Rasen, Nahrung und Glück der Teufel: Böses
> anstiften, Betrügen und Überlisten. Gehörst du also zu ihnen, so tue ihre
> Werke, auf daß du deiner Ruhe und deinem Glücke gelangst. Die Nahrung
> und das Glück der Engel aber ist das Anschauen der göttlichen Schönheit,
> und Begierde und Zornmut (…).“[45]

Anhand dieses Zitats von al-Ġazzālī ist im Wesentlichen zu erkennen, dass er
durchaus nicht von einem einheitlichen Verständnis von Glückseligkeit geprägt
ist. Zudem macht al-Ġazzālī deutlich, dass für ihn die innere Substanz bzw. der
Charakter eines Menschen für sein jeweiliges Glück eine essentielle Rolle spielt.
Es lässt sich daraus schlussfolgern, dass es nach seiner Auffassung eine individuelle Glückseligkeit gibt und somit nicht jeder Mensch mit demselben Handeln
oder Gegenstand zu seiner Glückseligkeit gelangen kann.
Auch wenn al-Ġazzālī der Meinung ist, dass es je nach Charakter unterschiedliche
Bedürfnisse und Glückseligkeitsverständnisse gibt, führt er weiter aus, dass den-
noch jedes Herz ein identisches Ziel für seine Glückseligkeit hat.

---

[42] Vgl. al-Ghasāli: Das Elixier der Glückseligkeit (2017), S. 31.
[43] Vgl. ebd.
[44] Vgl. ebd., S. 31 f.
[45] Ebd.

Er unterscheidet also eine weitere Dimension von Glückseligkeit, und zwar die des Herzens, welche er mit dem Jenseits in Verbindung setzt.[46] Er hebt hervor, dass das Herz nicht für die diesseitige Welt geschaffen ist, sondern für das Jenseits, dessen Aufgabe darin bestehe, nach seiner Glückseligkeit zu suchen und danach zu streben.[47] Anschließend verrät er, dass die Glückseligkeit des Herzens die Erkenntnis Gottes ist.[48] Er begründet diese Theorie damit, dass jedes existierende Wesen seine Glückseligkeit damit erreiche, wofür es Lust empfinde und das hänge unmittelbar davon ab, wozu es geschaffen ist.[49] Das Herz begehre also über Gott zu erfahren, wofür es jedoch die Sinne und den Körper benötige. Des Weiteren erläutert al-Ġazzālī, weshalb die Glückseligkeit des Herzens Gotteserkenntnis ist. Zunächst gibt er Beispiele von Gefühlen und von einigen der fünf Sinne, die genau dafür Lust empfinden, wofür sie geschaffen sind. Einige seiner Beispiele sind beispielsweise die Lust der Begierde in der Befriedigung seiner Wünsche, die Lust des Auges in schönen Erscheinungen oder die Lust des Ohres, die in angenehmen Tönen und Melodien vorhanden ist.[50] Aus diesen Erkenntnissen schlussfolgert al-Ġazzālī, dass das Herz auch danach Lust empfinde, wozu es geschaffen ist, und dies sei *„die Erkenntnis des wahren Wesens der Dinge"*[51]. An dieser Stelle unterscheidet er das menschliche Herz von dem der Tiere, da bei Tieren anders als bei Menschen die Vernunft nicht vorhanden ist und damit die Erkenntnis der Dinge fehlt. Sonst gebe es bei anderen Gefühlen oder bei der *„Wahrnehmung der sinnlichen Dinge mit den fünf Sinnen"*[52] bei beiden keinen Unterschied.[53] Die Lust des menschlichen Herzens steige also proportional mit dem Wert und Maße des Gegenstands der Erkenntnisse. Daraus folgt, so al-Ġazzālī, dass es keine wertvollere und größere Erkenntnis gebe als die Erkenntnis Gottes.[54] Anhand dieser Argumentation hat al-Ġazzālī seine Theorie bekräftigt, weshalb die Glückseligkeit bei der Erkenntnis Gottes liegt.

---

[46] Vgl. al-Ghasāli: Das Elixier der Glückseligkeit (2017), S. 36.
[47] Vgl. ebd.
[48] Vgl. ebd.
[49] Vgl. ebd., S. 57.
[50] Vgl. ebd.
[51] Ebd.
[52] Ebd.
[53] Vgl. ebd.
[54] Vgl. ebd.

Laut al-Ġazzālī ist das Streben nach der Glückseligkeit nicht nur für das irdische Leben von Relevanz, sondern auch für das Jenseits.[55] Er erklärt, dass die Glückseligkeit des Menschen im Diesseits seine Glückseligkeit im Jenseits bestimmen wird. Derjenige, der nach seiner Substanz des Herzens lebe, so werde er „*von der Stufe der Tiere sich der Stufe der Engel erheben*"[56]. Umgekehrt werde der Mensch, der sich der Welt und ihrer Begierde hingebe, seine Stufe sehr tief herabsenken und sich im Jenseits ins Elend bringen.[57] Mit ersterem meint al-Ġazzālī, dass der Mensch, der im Diesseits nach Gotteserkenntnis strebt, zu seiner Glückseligkeit im Diesseits und im Jenseits gelangen wird. Mit letzterem äußert er, dass der Mensch, der im Diesseits nicht nach der eigentlichen Substanz seines Herzens lebt, wozu es geschaffen ist, sondern lediglich seinen Begierden folgt, seinen höheren Rang vor den Tieren verliert. Dies führe zu seinem Unglück und Elend im Jenseits, aber es bleibt von al-Ġazzālī unerwähnt, ob dieser Mensch im irdischen Leben glückselig ist oder nicht. Die Meinung al-Ġazzālīs über die Glückseligkeit im Jenseits teilen die Theologen allgemein, wie bereits im vorherigen Kapitel angesprochen wurde.

Al-Ġazzālīs Beschäftigung mit dem Thema Glückseligkeit ist sehr umfangreich, jedoch wird es nicht mehr weiter ausgeführt, da es über den Rahmen dieser Arbeit hinausgehen würde. Eine weiterführende Literatur zu diesem Thema befindet sich in seinem Werk *Mizān al-'amal. Elschazlī* (Das Kriterium des Handelns).

4.2   Glückseligkeit nach Immanuel Kant

4.2.1   Kategorischer Imperativ

Im vorherigen Kapitel wurde das Glückseligkeitsverständnis von al-Ġazzālī behandelt. In diesem Kapitel wird zunächst der „kategorische Imperativ" von Immanuel Kant vorgestellt, da sein Glückseligkeitsverständnis im Grunde auf dem pflichtbewussten Handeln basiert.

---

[55] Vgl. al-Ghasāli: Das Elixier der Glückseligkeit (2017), S. 64.
[56] Ebd.
[57] Vgl. ebd.

Immanuel Kant (gest. 1804) ist ein bedeutender deutscher Philosoph, der zwischen dem 18. und 19. Jahrhundert lebte. Er thematisiert in seinen Werken verschiedene Imperative und von denen sind für die vorliegende Arbeit zwei von Relevanz: sein „hypothetischer Imperativ" und sein „kategorischer Imperativ". Kurz erklärt bedeutet der „hypothetische Imperativ", gewisse Handlungen mit der Absicht, ein erwünschtes Ziel zu erreichen, auszuführen.[58] Im Gegensatz dazu ist der „kategorische Imperativ" die Handlung, die rein aus Pflicht getan wird und keine bestimmte Absicht hat. Daher ist dieser Imperativ nach Kant moralisch, da dies ausschließlich auf der Grundlage eines Prinzips, also aus der Pflicht heraus erfolgt.[59]

Er definiert in seinem Werk GMS den „kategorischen Imperativ" folgendermaßen: „*Handle nur nach derjenigen Maxime, durch die du zugleich wollen kannst, dass sie ein allgemeines Gesetz werde.*"[60] Mit diesem Imperativ stellt sich im weiteren Sinne heraus, dass Kant es durchaus ablehnt nach den Maximen zu handeln, die aus eigenem Interesse oder Gefallen heraus stammen, sondern man soll lediglich nach solchen handeln, mit denen man zufrieden sein würde, wenn auch andere nach ihnen handeln. An dieser Stelle kann auch sein Verständnis von Glückseligkeit mehr oder weniger abgeleitet werden. Denn aus diesem Zitat versteht man unter anderem, dass für ihn das Wohl der Kollektivität wichtiger ist als die Interessen und Wünsche der einzelnen Individuen.

Kant zufolge soll dem kategorischen Imperativ nicht gefolgt werden, um glückselig zu sein, sondern dies soll aus einer Pflicht heraus befolgt werden. Erst wenn die Befolgung dieses Imperativs (Sittengesetzte) rein aus Pflicht erfolgt, sei man dem Glück würdig bzw. kann man darauf hoffen.[61] Damit meint er, dass demnach nicht jeder Mensch es verdient, glücklich zu sein. Dies lässt sich auch aus seinem folgenden Zitat belegen: „*Tue das, wodurch du würdig wirst, glücklich zu sein.*"[62]

---

[58] Vgl. Pauer-Studer: Einführung in die Ethik (2003), S. 10.
[59] Vgl. ebd.
[60] Kant: Grundlegung zur Metaphysik der Sitten (1974), Bd. VII, S. 51.
[61] Vgl. Kant: Kritik der reinen Vernunft 2 (1988), Bd. IV, S. 677 f.
[62] Kant: Kritik der reinen Vernunft 2 (1988), Bd. IV, S. 679.

Für Kant ist es undenkbar, Sittengesetze bzw. moralisches Handeln und Glückseligkeit voneinander zu trennen.[63] Trotzdem sei man nicht per se glückselig, weil man nach den Sittengesetzten handelt. Anders ausgedrückt, sei die Moral nicht die Lehre, wie man sich glücklich mache, vielmehr gehe es bei der Befolgung des moralischen Handelns darum, der Glückseligkeit würdig zu werden.[64] Dies lässt sich auch anhand seiner Aussage erkennen, indem er besagt, dass man „[nicht] *die Ansprüche auf Glückseligkeit aufgeben soll, sondern nur, so bald von Pflicht die Rede ist, darauf gar nicht Rücksicht nehmen* [soll]."[65] An dieser Stelle ist besonders bemerkenswert, dass Kants Theorien in diesem Zusammenhang etwas paradox erscheinen. Denn zum einen erklärt er, dass Sittengesetze und Glückseligkeit miteinander verbunden und untrennbar sind und zum anderen fordert er auf, dass bei der Befolgung der Pflichten[66] auf das Verlangen nach Glückseligkeit nicht geachtet werden soll. Nach dem Vergleich seiner beiden gegensätzlichen Aussagen lässt sich verstehen, dass Sittengesetze und Glückseligkeit nicht unbedingt miteinander verknüpft sind. Auch wenn er es nicht explizit behauptet, besagen seine Äußerungen implizit, dass man eventuell auf seine Glückseligkeit verzichten muss, um seine Pflicht zu befolgen. Es soll auch nicht unerwähnt bleiben, dass Kant den hier benannten Begriff „Sittengesetzte" in seinen Werken GMS, KPV und KRV sehr oft verwendet, womit er eigentlich nur das moralische Handeln meint, welches zu der Definition des „kategorischen Imperativs" trägt.

4.2.2 Glückseligkeit

Nachdem Kants kategorischer Imperativ vorgestellt wurde, sollen nun seine Ansichten zu der Glückseligkeit geschildert werden. Zunächst muss erwähnt werden, dass auch Kant genauso wie andere Philosophen die Glückseligkeit als eine Sehnsucht des Menschen betrachtet.

---

[63] Vgl. Kant: Kritik der reinen Vernunft 2 (1988), Bd. IV, S. 680.
[64] Vgl. Kant: Kritik der praktischen Vernunft (1985), S. 149.
[65] Kant: Der Kritik der praktischen Vernunft (1974), Bd. VII, S. 217.
[66] Er meint damit die Moral, welche aus der praktischen Vernunft abgeleitet ist (Vgl. Horn [u.a.]: Immanuel Kant (2007), S. 197).

Dies lässt sich auch anhand seines folgenden Zitats untermauern: „*Glücklich zu sein, ist notwendig das Verlangen jedes vernünftigen, aber endlichen Wesens und also ein unvermeidlicher Bestimmungsgrund seines Begehrungsvermögens.*"[67] Demzufolge ist also glücklich zu sein ein erforderliches Bedürfnis, welches für die Entscheidungen des Willens unerlässlich sind.

Seine Glückseligkeitslehre beschreibt er in seinem Werk KPV wie folgt: „*Glückseligkeit ist der Zustand eines vernünftigen Wesens in der Welt, dem es im Ganzen seiner Existenz alles nach Wunsch und Willen geht*"[68]. Diese ist Kants allgemeine Definition von Glückseligkeit. Zusammengefasst erklärt er diesen glückseligen Zustand in diesem Zitat so, dass einem alle Begehren und alles Bestreben im Diesseits erfüllt werden. Ferner definiert er die Glückseligkeit in seinem Werk KRV folgendermaßen: „*Glückseligkeit ist die Befriedigung aller unserer Neigungen*"[69]. Beide Definitionen in den erwähnten Zitaten seiner verschiedenen Werke sind inhaltlich fast identisch und besagen offensichtlich, dass Glückseligkeit die Sättigung der Interessen und Vergnügen auf dieser Welt ist. Nach Christoph Horn sind hier jedoch nicht nur „*Erfüllung sinnlich-naturaler Neigungen oder Bedürfnisse, sondern auch an rational geprägte Wünsche*"[70] gemeint. An dieser Stelle muss jedoch angemerkt werden, dass solche Arten von Glückseligkeit für Kant keine Bedeutung haben, da sie nach seiner Ansicht keine moralischen Werte beinhalten.[71] Zudem sei die Glückseligkeit mit individuellen und egoistischen Wünschen verknüpft und daher variant und somit könne es keineswegs Grundlage für moralische Gesetze sein.[72]

Nach Kants Ausführung hat eine Handlung nur dann einen moralischen Wert, wenn diese (moralische) Handlung nicht aus eigenem Interesse, Lust oder Unlust erfolgt, sondern aus Achtung für das Gesetz, also aus Pflicht vollzogen wird.[73] Hier hat die Auswirkung des (moralischen) Handelns keine Relevanz, sondern es zählt rein die Absicht.

---

[67] Kant: Kritik der praktischen Vernunft (1985), S. 28.
[68] Ebd., S. 143.
[69] Kant: Kritik der reinen Vernunft (1923), S. 580.
[70] Horn: Wille, Willensbestimmung, Begehrungsvermögen, (2011), S: 49.
[71] Vgl. Patt: Kants Kritik der praktischen Vernunft (2004), S. 45.
[72] Vgl. ebd., S. 45 f.
[73] Vgl. Kant: Kritik der praktischen Vernunft (1985), S. 95.

Auch wenn vorab gewusst wird, dass eine Handlung eine positive Auswirkung haben wird und dies aufgrund einer bestimmten Wirkung her tut, ist es für Kant nicht moralisch, sondern nur „legal". Er hat ein sehr spezifisches Verständnis von moralischem Handeln, da er nur solche Handlungen als moralisch bewertet, die keine bestimmte Absicht haben, die nicht an bestimmte Objekte oder Gefühle gebunden sind, sondern nur aus Pflicht vollzogen werden.[74] Herlinde Pauer-Studer fasst Kants Moralitätsverständnis folgendermaßen zusammen: *„Moral ist für ihn nicht heteronom, sondern autonom; die Gültigkeit des moralischen Gesetzes sollte für sich genommen einsichtig sein."*[75] Die Unterscheidung von „Autonomie" und „Heteronomie" im moralischen Zusammenhang führt Kant in seinem Werk KPV aus. Seiner Ansicht nach ist die *„Autonomie des Willens [...] das alleinige Prinzip aller moralischen Gesetze"*[76], da ihre Absicht des Handelns nicht von einem *„begehrten Objekt"* abhängt und fremdbestimmt, sondern bloß aus dem Gesetz her bedingt und selbstbestimmt ist.[77] Der Grund für die Schilderung Kants Moralverständnisses an dieser Stelle ist, dass er wie bereits erwähnt, moralisches Handeln von Glückseligkeit in keiner Weise trennt, denn andernfalls habe die Glückseligkeit keinen Wert. Nach Ingo Marthaler bildet sich somit ein *„bewusstes Leben, das um seine Begierden und Neigungen weiß, klug mit diesen umgehen kann und die Moral als letzten Orientierungspunkt versteht."*[78]

Nach Kant ist das höchste Gut des Menschen, anders als bei den antiken Philosophen, nicht die Glückseligkeit an sich, sondern benötigt ein weiteres Element. Der Grund dafür ist, dass die Glückseligkeit demnach nicht immer etwas Gutes ist, auch wenn es dem Betroffenen angenehm ist. Glückseligkeit sei nur dann das höchste Gut, wenn es mit der Tugend vereint ist.[79] Demnach hat die Glückseligkeit nur einen Wert, wenn sie mit den Sittengesetzen übereinstimmt und ist nur zusammen mit dem tugendhaften Handeln das höchste Ziel des Menschen. Doch präsentiert er nicht explizit, wie man zu dem gesehnten höchsten Gut gelangt.

---

[74] Vgl. Kant: Kritik der praktischen Vernunft (1985), S. 95.
[75] Pauer-Studer: Einführung in die Ethik (2003), S. 11.
[76] Kant: Kritik der praktischen Vernunft (1985), S. 39.
[77] Vgl. ebd.
[78] Marthaler: Bewusstes Leben (2014), S. 7.
[79] Vgl. Kant: Kritik der praktischen Vernunft (1985), S. 128.

Der Grund dafür ist, dass die Bezeichnung „Glückseligkeit" eine sehr unbestimmte sei, dass man nicht sagen könne, was der Mensch eigentlich begehre und bezwecke.[80] Die Ursache dafür sei, dass die Elemente der Glückseligkeit empirisch sind, also beruhen sie auf Erfahrung, das heißt sie können nicht a priori bestimmt werden.[81]

Des Weiteren nimmt Kant an, dass die wahre Glückseligkeit im Jenseits erreicht werden wird, welche unmittelbar das Resultat des moralischen Lebens in der irdischen Welt sein wird.[82] Demnach wird diese Glückseligkeit und das höchste Gut des Menschen nach dem Tod, gemeinsam mit dem unendlichen Wesen, also dem Schöpfer dieses Weltes erreicht, welche nur mit der Unsterblichkeit der Seele möglich sei.[83]

5 Fazit

Aus der Untersuchung der Glückseligkeitslehren von Abū Ḥāmid Muḥammad al-Ġazzālī und Immanuel Kant hat sich zunächst herausgestellt, dass Glückseligkeit sehr mannigfaltig ist. Aus diesem Grund haben beide Persönlichkeiten keine allgemeine Glückseligkeitslehre bestimmt, die für jedes Individuum gültig ist. Trotzdem lehnen beide durchaus nicht ab, dass die Menschen individuelle Glückserlebnisse haben können, wenn sie nach Lust oder Unlust oder nach Begierden handeln. Jedoch seien diese nicht nur unmoralisch, sondern auch von kurzer Dauer und unbedeutend. Eine weitere Gemeinsamkeit der beiden Glückseligkeitsverständnisse ist, dass beide Autoritäten einen jenseitigen Glauben haben, wo sie die wahre Glückseligkeit zu erreichen wünschen. Sowohl al-Ġazzālī als auch Kant sind der Meinung, dass die Glückseligkeit im Jenseits damit erreicht werde, wenn im Diesseits moralisch gehandelt wurde. Es ist bemerkenswert, dass zwei verschiedene Persönlichkeiten, trotz der ganz unterschiedlichen Kontexte und anderen Jahrhunderte, in diesem Thema so viele Gemeinsamkeiten aufweisen.

---

[80] Vgl. Kant: Grundlegung zur Metaphysik der Sitten (1974), Bd. VII, S. 47.
[81] Vgl. ebd.
[82] Vgl. Himmelmann: Kants Begriff des Glücks (2003), S. 10.
[83] Vgl. ebd.; Vgl. Kant: Kritik der praktischen Vernunft (1985), S. 140 f.

Die Hauptunterschiede zwischen der Argumentation von al-Ġazzālī und Kant sind, dass die wahre Glückseligkeit auf dieser Welt nach al-Ġazzālī hauptsächlich in der Erkenntnis Gottes beruht. Seine Begründung dafür ist, dass alles Erschaffene Lust danach empfinde, wozu es geschaffen wurde, und das Herz sei dafür geschaffen, um zu erkennen und das Höchste zu erkennen, sei das größte Begehren des Herzens, welches unmittelbar Gott ist. Im Gegensatz zu al-Ġazzālī ist der grundlegende Unterschied bei Kant, dass er die Glückseligkeit auf den kategorischen Imperativ aufbaut. Das heißt, er definiert nicht explizit, wie man zu der Glückseligkeit gelangt, sondern wie man der Glückseligkeit würdig ist. Er erläutert in seinen Werken, wie man der Glückseligkeit würdig ist und dies ereigne sich durch die Befolgung der Sittengesetze, also der Pflichten. Kants Bewertung, wer und wie man der Glückseligkeit würdig ist, ist sehr streng und selektiv. Denn seiner Ansicht nach ist jemand, der nach den moralischen Gesetzen handelt, noch lange nicht der Glückseligkeit würdig, da für ihn nicht die Handlung an sich, sondern die Absicht der Handlung zählt. Die Absicht der Handlung darf auf keine Objekte oder Gefühle zurückgehen, also nicht heteronom, sondern muss autonom sein. Es ist bei Kant, anders als bei al-Ġazzālī, frustrierend, dass er eigentlich kein Glückseligkeitskonzept hat, sondern lediglich darlegt, wie man dessen würdig ist. Außerdem erklärt er, dass man bei der Befolgung der Pflichten nicht auf die Glückseligkeit hoffen darf, was auch für das Individuum durchaus demotivierend sein kann. Darüber hinaus garantiere das moralische Handeln auch nicht die Glückseligkeit. Al-Ġazzālī jedoch erläutert, dass man die Glückseligkeit auch auf dieser Welt erreichen kann, wenn man nach der „wahren Substanz des Herzens" folgt und nach Gotteserkenntnis strebt.

Nach dem Vergleich der beiden Glückseligkeitsverständnisse erscheinen die Gesichtspunkte von al-Ġazzālī inspirierend und rationaler, obwohl das Prinzip des moralischen Handelns bei Kant sehr zu schätzen ist. Der Grund dafür ist, dass al-Ġazzālī explizit beschreibt, wie man die Glückseligkeit erlangt. Kant hingegen erläutert die Glückseligkeit nicht explizit, sondern beschreibt lediglich, wie man ihrer würdig sein kann.

Zudem schildert er auch nicht, was das moralische Handeln für ihn ist, denn dies ist auch je nach Epoche und Kontext, in der beziehungsweise in dem man sich befindet, variabel.

6 Literaturverzeichnis

Enzyklopädien

DİA: Türk Diyanet Vakfı İslâm Ansiklopedisi. Bd. 35. İstanbul: TDV İslâm Araştırmaları Merkezi, 2008.

EI²: Encyclopaedia of Islam, Second Edition Leiden: Brill, 2012.

Literatur

Al-Attas, Syed Muhammad Naquib: Die Bedeutung und das Erleben von Glückseligkeit im Islām. Kuala Lumpur: International Istitute of Islamic Thought and Civilization, 1998.

Al-Daghistani, Raid: Muḥammad al-Ġazālī. Erkenntnislehre und Lebensweg. Bd. 1. Karimi, Ahmad Milad (Hrsg.). Freiburg: Kalam Verlag KG, 2014.

Al-Ghasāli, Abu Hâmid b. Muhammed: Kīmiyā' as-saʿāda. Ritter, Hellmut (Übers.): Das Elixier der Glückseligkeit. 2. Aufl. Wiesbaden: Marixverlag in de Verlagshaus Römerweg GmbH, 2017.

Al-Nawawī, Yaḥyā Ibn Sharaf: Das Buch der Vierzig Hadithe. Kitāb al-Arbaʿīn. Schöller, Marco (Übers.) (Hrsg.). Frankfurt am Main [u.a.]: Verlag der Weltreligionen, 2007.

Buridan, Johannes: Über Freiheit und Glück. Untersuchungen zum 10. Buch der Nikomachischen Ethik des Aristoteles. Herders Bibliothek der Philosophie des Mittelalters. Bd. 47. Fidora, Alexander [u.a.] (Hrsg.). Freiburg: Verlag Herder GmbH, 2020.

Çağrıcı, Mustafa: Saadet. In: Türk Diyanet Vakfı İslâm Ansiklopedisi. Bd. 35. İstanbul: TDV İslâm Araştırmaları Merkezi, 2008.

Daiber, Hans: Saʿāda. In: Encyclopaedia of Islam, Second Edition. Leiden: Brill, 2012.

Ders.: Shaḳāwa. In: Encyclopaedia of Islam, Second Edition. Leiden: Brill, 2012.

Endress, Gerhard: Der arabische Aristoteles und die Einheit der Wissenschaften im Islam. In: Die Blütezeit der arabischen Wissenschaft. Balmer, Heinz/ Glaus, Beat (Hrsg.). Zürich: Verlag der Fachvereine, 1990.

Himmelmann, Beatrix: Kants Begriff des Glücks. Kantstudien Ergänzungshefte. Bd. 142. Funke, Gerhard [u.a] (Hrsg.). Berlin/ New York: Walter de Gruyter GmbH & Co. KG, 2003.

Horn, Christoph [u.a.]: Immanuel Kant. Grundlegung zur Metaphysik der Sitten. Frankfurt am Main: Suhrkamp Verlag, 2007.

Ders.: Wille, Willensbestimmung, Begehrungsvermögen. In: Immanuel Kant. Kritik der praktischen Vernunft. Klassiker Auslegen. Bd. 26. 2. Aufl. Höffe, Ottfried (Hrsg.). Berlin: Akademie Verlag GmbH, 2011.

Kant, Immanuel: Kritik der praktischen Vernunft. Philosophische Bibliothek. Bd. 38. 9. Aufl. Vorländer, Karl (Hrsg.). Hamburg: Felix Meiner Verlag GmbH, 1985.

Ders.: Kritik der praktischen Vernunft. Grundlegung zur Metaphysik der Sitten. Bd. VII. Weischedel, Wilhelm (Hrsg.). Frankfurt am Main: Suhrkamp Taschenbuch Verlag, 1974.

Ders.: Kritik der reinen Vernunft. Aufl. 6. Aufl. Erdmann, Benno (Hrsg.). Berlin/ Leipzig: Walter de Gruyter & Co, 1923.

Ders.: Kritik der reinen Vernunft. 2. Bd. IV. 10. Aufl. Weischedel, Wilhelm (Hrsg.). Frankfurt am Main: Suhrkamp, 1988.

Marthaler, Ingo: Bewusstes Leben. Moral und Glück bei Immanuel Kant. Kantstudien-Ergänzungshefte. Bd. 176. Baum, Manfred [u.a.] (Hrsg.). Berlin/ Boston: Walter de Gruyter GmbH, 2014.

Patt, Walter: Kants Kritik der praktischen Vernunft. Eine Einführung. Philosophische Reihe. Heil, Joachim (Hrsg.). London: Turnshare Ltd., 2004.

Pauer-Studer, Herlinde: Einführung in die Ethik. Wien: Facultas Verlags– und Buchhandelns AG, 2003.

Pleger, Wolfgang: Das gute Leben. Eine Einführung in die Ethik. 2. Aufl. Stuttgart: J.B. Metzler, 2020.

Wehr, Hans: Arabisches Wörterbuch für die Schriftsprache der Gegenwart. Arabisch - Deutsch. 5. Aufl. Wiesbaden: Otto Harrassowitz, 1998.